Y0-EIB-583

A CENTURY
OF STORIES
NEW HANOVER COUNTY PUBLIC LIBRARY
1906-2006

AMÉRICA SALVAJE

LA MOFETA

Por Lee Jacobs

BLACKBIRCH®
PRESS

THOMSON

GALE

San Diego • Detroit • New York • San Francisco • Cleveland • New Haven, Conn. • Waterville, Maine • London • Munich

Para Sarah

For more information, contact
The Gale Group, Inc.
27500 Drake Rd.
Farmington Hills, MI 48331-3535
Or you can visit our Internet site at http://www.gale.com

Photo Credits: Cover, pages 3, 6, 9, 12, 13, 15, 22 © Thomas Kitchin & Victoria Hurst; back cover, pages 4, 6, 16-17 © Corel Corporation; pages 5, 7, 8, 10, 11, 18-19, 20, 23 © CORBIS; pages 6, 9, 19, 21 © Art Today; page 8 © Dr. Lloyd Glenn Ingles, CalAcademy Special Collections, California Academy of Sciences

LIBRARY OF CONGRESS CATALOGING-IN-PUBLICATION DATA

Library of Congress Cataloging-in-Publication Data

Jacobs, Lee.
[Skunk.Spanish]
 La Mofeta / by Lee Jacobs.
  p. cm. — (América.Salvaje)
Includes bibliographical references.
Summary: Examines the skunk's environment, anatomy, social life, food, mating habits, and relationship with humans.
 ISBN 1-4103-0276-8 (hardback : alk. paper)
 1. Skunk—Juvenile literature. [1. Skunk. 2. Spanish language materials] I. Title. II. Series.

Printed in United States
10 9 8 7 6 5 4 3 2 1

Contents

Introducción 4

El Hábitat de la Mofeta 6

El Cuerpo de la Mofeta 8

Características
      Especiales 10

La Vida Social 12

Cazadores y Asaltantes 14

El Juego de Apareamiento 16

Los "Kits" 19

Las Mofetas y El Hombre 22

Glosario 24

Para Más Información 24

Índice 24

Introducción

Las mofetas son mamíferos que pertenecen a la familia Mephitidae. El nombre científico viene de la palabra mephitis, que significa "apestoso" en Latín. Se clasificaban las mofetas en la familia Mustelidae. Esta familia incluye la comadreja, el glotón americano, y el tejón. Pero los científicos indentificaron varias características únicas de las mofetas y crearon una nueva familia a fin de clasificarlas.

La mofeta listada es la más común entre las mofetas norteamericanas. Vive en el sur de Canadá, la mayoría de las partes de los Estados Unidos, y el norte de México. Otras especies de mofetas son la mofeta manchada, la mofeta nariz de chancho, y la mofeta de líneas blancas.

La mofeta listada es la más común entre las mofetas norteamericanas.

Arriba: La comadreja (izquierda), el tejón (centro), y el glotón americano (derecha) se clasificaban en la misma familia que las mofetas. **Abajo:** Las mofetas manchadas no son tan comunes en Norteamérica como las mofetas listadas.

El Hábitat de la Mofeta

Las mofetas viven en varios hábitats. Se encuentran en arboledas, praderas, granjas, y hasta ciudades y pueblos. Las mofetas permanecen cerca de agua. Casi nunca se alejan más de 2 millas (3 kilómetros) de sus reservas de agua. Típicamente la mofeta no se extravía más de alrededor de media milla (1 kilómetro) de su hogar durante el día. Puede ser que viaje más lejos cuando caza de noche. Los machos cubren más tierra que las hembras, especialmente cuando quieren aparearse.

Esta pagina: Las mofetas viven en casi todas partes de Norteamérica. Se encuentran en praderas, en ciudades y pueblos, y en cualquier otro lugar donde se encuentre agua.

Muy a menudo las mofetas encuentran guaridas naturales en donde vivir. Se instalan en cuevas, troncos huecos, y grietos en peñascos. Las mofetas también encuentran guaridas en estructuras humanas. Cavan debajo de paredes y porches o encuentran lugares seguros donde dormir en edificios vacíos. Las mofetas también construyen madrigueras. Estas madrigueras generalmente se encuentran 3 pies (1 metro) bajo tierra con túneles que las conectan con la superficie. En lugar de construir su propia guarida, la mofeta muy a menudo ocupa madrigueras abandonadas por marmotas grandes.

El interior de la guarida está forrada de césped seco y hojas para que se convierta en una cama cómoda. Las mofetas normalmente se quedan en una sola casa durante el invierno. En tiempo tibio, cambian de una madriguera a otra.

Troncos huecos, cuevas, y grietas en peñascos son cómodas guaridas.

El Cuerpo de la Mofeta

La característica más sensible de la mofeta listada es el color de su cuerpo. Cubiertas en pelo grueso y negro, estas mofetas tienen una raya delgada entre los ojos. Una raya más ancha generalmente empieza en la frente. Esta raya sigue por la espalda, y a veces hasta la cola. Las mofetas pueden tener una

Izquierda: La mofeta listada puede tener una o dos rayas en la espalda.
Abajo: La mofeta listada se distingue por una raya delgada en la frente.

o dos rayas. Las mofetas se despojan del pelo cada año entre la primavera y el otoño.

La cola de la mofeta es peluda y larga. Típicamente tiene pelo blanco mezclado con el pelo negro.

De la cabeza a la punta de la cola, el adulto mide entre 12 a 18 pulgadas (31 a 46 centímetros) de largo. La cola agrega otras 7 a 16 pulgadas (18 a 40 centímetros) de longitud. La típica mofeta pesa entre 5 a 15 libras (2 a 7 kilogramos). Los machos son un poco más grandes que las hembras.

Las mofetas andan con la pata plana y a la manera del pato. La cabeza de la mofeta es pequeña. Tiene una nariz puntiaguda, dientes afilados, y orejas pequeñas. Las mofetas tienen garras afiladas en las patas delanteras que usan para buscar comida.

Arriba: La cola de la mofeta es peluda y larga.
Abajo: Garras largas y afiladas le ayudan a la mofeta a buscar comida.

Características Especiales

Las mofetas son famosas por su olor muy apestoso. La mofeta tiene glándulas que producen una sustancia amarilla pegajosa que se llama almizcle. Si la mofeta se siente amenazada, rociará almizcle a fin de defenderse.

La mofeta le da al atacante varias advertencias antes de rociar almizcle. Pateará sus patas delanteras para advertir al enemigo que se aleje. También puede ser que la mofeta levante la cola y silbe.

Si estas señales no espantan al enemigo, la mofeta dobla su cabeza y trasero al enemigo.

Las mofetas tienen glándulas debajo de la cola que producen almizcle apestoso.

En esta posición, la mofeta tira dos corrientes de su almizcle (uno de cada glándula) hacia su enemigo. ¡La mofeta puede tirar su apestoso perfume a una distancia de hasta 12 pies (4 metros)! Y las mofetas tienen muy buena puntería. Muy a menudo apuntan el almizcle directamente en los ojos del enemigo.

El almizcle escoce la nariz y los ojos del enemigo. También puede enfermarlo. También es muy difícil limpiarse del almizcle.

Si un enemigo persigue a la mofeta, puede rociar una nube de almizcle. Por lo general el amizcle impide que el depredador siga en su caza. Las mofetas nunca rocían su almizcle a fin de atacar. Solamente lo rocían para defenderse.

En peligro, la mofeta rocía su apestoso almizcle en los ojos del enemigo.

11

La Vida Social

Los adultos sin crías son típicamente solitarios. Pero las familias soy muy unidas. En el invierno, un grupo de 5 ó 6 hembras puede compartir la misma guarida. A veces permiten que un macho se quede con ellas. Las mofetas no hibernan (dormir durante el invierno). Pero sí pasan mucho tiempo durmiendo en sus guaridas de invierno. No comen mucho entre los meses de noviembre a marzo. En la primavera, la mayoría de las mofetas han adelgazado un poco.

Las mofetas no hibernan en el invierno.

12

Las mofetas usan una variedad de diferentes sonidos para comunicarse. Cuando están enojadas, molestadas, o asustadas, gruñen, silban, o hacen un sonido como un runrún. Una mofeta contenta arrullará.

A veces las mofetas usan el almizcle para comunicarse. Un macho puede rociar almizcle para marcar su territorio o para llamar la atención de una hembra durante la época de celo.

Una mofeta agitada chillará o silbará.

Cazadores y Asaltantes

Las mofetas son principalmente animales nocturnos, lo que significa que duermen de día y son activos de noche. Las mofetas listadas pasan la mayor parte de la noche cazando. Son omnívoros, lo que significa que comen animales y plantas los dos. Las mofetas se comen casi todo lo que encuentren. También comen carroña (animales muertos o en estado de putrefacción). Su agudo olfato y oído le ayuda a encontrar comida.

Las mofetas comen una dieta variada. Se comen ratones, musarañas, ranas, lagartijas, serpientes, frutas, nueces, yemas, aves, insectos, y basura. Utilizan sus garras afiladas para desenterrar escarabajos, gusanos, caracoles, y gorgojos (la larva del escarabajo). La mofeta incluso golpeará un nido de abejas para perturbar a sus ocupantes. Cuando las abejas salen, la mofeta se las come.

A las mofetas también les gusta comer los huevos de tortugas, de aves, y de gallinas. Una mofeta asaltará el nido de un ave y romperá las cáscaras para comerse los huevos. Las mofetas también saben nadar. Son especialistas en atrapar pescado peqeuño en ríos y charcas.

A las mofetas les gusta comer los huevos de aves. Muy a menudo asaltan nidos indefensos.

El almizcle sirve a repeler muchos depredadores (animales que cazan a otros para comida). Pero son numerosos: el lince rojo, el zorro, el búho cornudo, el águila, el perro, y el coyote todos son depredadores de la mofeta.

El Juego de Apareamiento

Fuera de la época de celo, los machos y las hembras no pasan mucho tiempo juntos. La época de celo empieza a finales de invierno y termina a principios de primavera. Las hembras pueden reproducirse al cumplir un año. Las jóvenes madres dan menos bebés a luz que las madres maduras.

El macho viajará largas distancias para encontrar una pareja y se apareará con varias hembras. Muy a menudo los machos se pelean por parejas. Después del apareamiento, la hembra fuerza al macho a salir de la guarida. Los machos no ayudan a criar a las crías.

Los machos y las hembras se juntan a aparearse a finales de invierno y a principios de primavera.

Los "Kits"

La hembra permanece embarazada durante aproximadamente 60 días. Durante este tiempo, típicamente hace una guarida en un árbol hueco donde puede dar a luz con seguridad. Los bebés se llaman "kits" en inglés. Las mofetas listadas pueden dar a luz dos camadas durante la época de celo. (La camada es un grupo de bebés nacidos al mismo tiempo).

Los bebés nacen con el colorido blanco y negro, pero se tarda 2 semanas más antes de que su pelo engruese completamente. Nacen ciegos y sordos y están pequeños. Cada uno pesa alrededor de 1 onza (28 gramos). Cuando los bebés tienen 3 semanas, pesan 6 ó 7 onzas (170 a 198 gramos). A esta edad, los bebés abren los ojos y empiezan a gatear. Las madres amamantan a los bebés por 7 u 8 semanas. Cuando los bebés tienen aproximadamente dos meses, la madre los saca de la guarida y los lleva a cazar. Los bebés pueden rociar almizcle a esta edad.

Los "kits," o bebés, nacen con el característico colorido blanco y negro, pero son ciegos y sordos. **Encarte:** Una madre prepara la guarida un día antes de dar a luz.

A los mofetas les gusta dar a luz en grietas de piedra, troncos huecos, y madrigueras de la marmota grande.

Fuera de la guarida, los bebés típicamente siguen a la madre en una fila. La madre les enseña a defenderse de depredadores. Los bebés se pelean juguetonamente. La madre siempre está alerta del peligro. Si presiente peligro, pateará las patas. Esto sirve como señal para los bebés de que regresen a la seguridad de la guarida.

La madre también les enseña cómo cazar y buscar comida. Los bebés se quedan con la madre hasta cumplir los 6 meses. En el otoño, los bebés son del tamaño de los adultos. La mayoría están listos de marcharse de la guarida. A veces algunos bebés, típicamente las hembras, se quedan con la madre durante el invierno.

Los bebés se quedan juntos con la madre hasta cumplir los 6 meses.

Las Mofetas y El Hombre

La gente se queja de los problemas que las mofetas causan. Amenazada por una mascota, la mofeta rociará almizcle. No se puede quitar fácilmente el olor del almizcle—¡especialmente del pelo largo de un perro! La mejor forma para quitarse del apestoso olor es un baño de vinagre o de jugo de tomate. Las mofetas también cavan en patios y jardines en busca de insectos. También les gusta entrar en gallineros para comerse tanto a las gallinas como a sus huevos. Además las mofetas pueden ser portadores del virus mortal que se llama rabia. Pueden transmitir este virus a través de su mordedura. Hay que vacunar las mascotas para protegerlas de esta grave enfermedad.

El hombre generalmente clasifica las mofetas como animales dañinos.

Las mofetas son beneficias porque se comen roedores y insectos que arruinan nuestros cultivos.

Aunque el hombre clasifica las mofetas como animales dañinos, de hecho son beneficiosas. Matan roedores como ratas y ratones. También se comen muchos insectos, como saltamontes, que devoran nuestros cultivos.

Hay que tener presente que las mofetas son animales salvajes. Si se sienten amenazadas o asustadas, rocían almizcle y también muerden. Parecen graciosas y adorables, pero el hombre debe observar estas fascinantes criaturas desde lejos.

Glosario

Camada un grupo de bebés nacidos al mismo tiempo

Carroña un animal muerto o en estado de putrefacción

Depredador un animal que caza a otro

Hibernar dormir durante el invierno

"Kit" lo que se llama el bebé en inglés

Nocturnal activo de noche y dormido de día

Omnívoro animales que comen plantas y otros animales

Presa un animal cazado por otro

Para Mas Información

Libros

Biel, Timothy Levi. *Skunks and Their Relatives.* Mankato, MN: Creative Education, 1996.

Souza, D.M. *Skunks Do More Than Stink.* Brookfield, CT: Millbrook Press, 2002.

Swanson, Diane. *Welcome to the World of Skunks.* Portland, OR: Graphic Arts Center Publishing, 1999.

Sitio de Web

*Striped Skunk—**http://wildunc.org/af/stripedskunk.html***

Índex

Almizcle, 10-11, 19
Amamantar, 19
Animales Dañinos, 23
Aparearse, 16-19
Depredadores, 15, 21
Guaridas, 7
"**K**its", 19-21

Madrigueras, 7
Mofetas
  Advertencia, 10-11
  Cola, 9-10
  Comunicación, 13
  Dieta, 14, 22-23
  Garras, 9, 14

Olor, 4, 10-11
Pelo, 8-9, 19
Raya, 8-9
Región, 6
Nocturnal, 14
Rabia, 22
Rociar 10-12, 15, 19, 22-23